D1731075

Renate Niemann

Sanddorn -
die Kraft der Sonne

Vierte Auflage 2015

Hrsg.: Uwe Rolf GmbH, Aurich
Herud & Wegert GmbH, Ludwigslust
Alle Rechte vorbehalten

ISBN: 3-928327-87-9

Umschlaggestaltung: hinrichs-wa.de
Fotos: Uwe Rolf und SKN Druck
Druck: SKN Druck Norden

Renate Niemann
Sanddorn - die Kraft der Sonne

Sanddorn - die Kraft der Sonne

Vorwort

Der Sanddorn ist *die* prägende Pflanze der deutschen Nord- und Ostsee-küste. Ein typischer Dünenbewohner, dem karge Sandböden, salzhaltige Luft, Wind und Wetter nichts ausmachen. Ein Pionier, der sich in den sturmgewöhnten Dünen der Inseln richtig wohl fühlt und so prächtig gedeiht, dass man ihn geradezu als das botanische Symbol dieser Land-schaft bezeichnen kann. Hier ist er zu Hause!

An der Küste und auf den Inseln mit ihren natürlichen Sanddornbestän-den haben auch Sanddornprodukte eine lange Tradition. Säfte, Tees, Gelees und Konfitüren mit Sanddorn, ebenso wie Sanddornwein und Liköre, erfreuen sich als traditionelle, regionale Spezialitäten schon lange großer Beliebtheit.

Sanddorn ist ein heimisches Produkt. Er ist nicht nur rundum gesund, sondern vor allem auch ein Genuss! In den letzten Jahren hat sich der Ruhm des Sanddorns als erstklassiges Naturprodukt mit vielen Vitami-nen und als Geschmackserlebnis der besonderen Art auch überregional verbreitet. Deshalb treten Sanddorn und Sanddornprodukte immer mehr aus der Nische der Bioläden und Reformhäuser heraus und setzen sich als vielseitig verwendbare Nahrungs- und Genussmittel durch. Sanddorn kann Süßspeisen ebenso wie herzhaften Mahlzeiten eine besondere Note verleihen, und die Produktpalette ist entsprechend groß geworden.

Dieses Büchlein soll dem Sanddorn-Liebhaber, dem Sanddorn-Genießer und jedem Interessierten die dornige Pflanze mit den sauren Früchten, aus denen sich so viele ernährungsphysiologisch wertvolle und wohl-schmeckende Produkte herstellen lassen, ein wenig näher bringen.

Außerdem möchten wir den immer wiederkehrenden Anfragen nach einem preisgünstigen Taschenbuch zum Thema Sanddorn nachkommen und danken Frau Renate Niemann für ihre „schriftstellerische" Unter-stützung.

Axel Herud, Uwe Rolf und Fred Wegert

Sanddorn - Symbol einer Landschaft

Wie orangefarbene Perlen leuchten die Früchte des Sanddorns in den hellen Dünen. Es ist September, und der dornenbewehrte Strauch zeigt sich in voller Pracht. In den Dünen und auf den sandigen Böden in Küstennähe ist er zu Hause. Hier hat er im Übermaß das, was er braucht, um zu gedeihen und seine vitaminreichen Beeren reifen zu lassen: Sonne und Licht, ohne die Konkurrenz anderer Bäume und Gehölze.

Der Sanddorn heißt Sanddorn, weil er im Sand wächst und Dornen hat. Auch weitere gebräuchliche Bezeichnungen leiten sich vom bevorzugten Standort sowie vom Aussehen des Strauches ab: Stranddorn, Sandbeere, Dünendorn, Seedorn, Stechdorn, Weidendorn, Haffdorn, Rote Schlehe, Korallenbeere oder im friesischen Plattdeutsch Slaatjebeer.

In Deutschland findet man den Sanddorn wild wachsend vor allem in unmittelbarer Nähe der Küsten und auf den Inseln, wo er einen festen Bestandteil der Pflanzenwelt bildet. Auch in der örtlichen Kultur ist er fest verankert. Ernte und Verarbeitung der Sanddornbeeren haben hier eine lange Tradition. Seit sich die Vorzüge der herbsauren Früchte als gesundes Naturprodukt, als Vitaminspender und als regionaltypische Spezialität herumgesprochen haben, finden Sanddornprodukte in ganz Deutschland einen immer größeren Freundeskreis.

Optisch wirkt der Sanddornstrauch mit seinen langen, spitzen Dornen zunächst abweisend - und auch der Genuss der rohen Beeren oder des puren Saftes sind unerquicklich und „dornig" im übertragenen Sinn: Sie sind so sauer, dass von „Genuss" nicht wirklich die Rede sein kann! Die lange Verbindung der Küstenbewohner mit „ihrem" Sanddorn hat es jedoch verstanden, auch die süßen Seiten aus den herben Beeren hervorzulocken. Die Palette der im friesischen und mecklenburgischen regionalen Handel erhältlichen Sanddornspezialitäten ist groß und reicht von Sirup, Säften, Sanddornöl über Konfitüren und Gelees bis zu Sanddorntees, die mit wohlklingenden und appetitlichen Namen ein Stückchen der Landschaft inklusive Meeresrauschen, Dünensand und Wind eingefangen zu haben scheinen. Eine genussvolle Reise zu den Spezialitäten aus Mecklenburg und Ostfriesland findet sich im Kapitel „Sanddorn-Produkte".

Sanddornanbau bei Aurich

Die Blüten der weiblichen Sanddornbüsche sind auf Grund ihrer geringen Größe nicht erkennbar. Der Umfang des späteren Ertrages ist an der Menge der kleinen Beeren (siehe Foto) Anfang Mai zu erkennen

Sanddornbusch der Sorte „Leikora"

Saftgewinnung mit kleiner Presse

Die dicht mit Früchten behangenen Zweige werden per Hand abgeschnitten – Schnitternteverfahren

Sanddorn in den Dünen

Abgeerntete Sanddornbeeren

Sanddornbusch auf der Insel

Botanik eines Pioniers

Der Sanddorn ist eine heimische Pflanze mit hoher ökologischer Bedeutung. Er ist ein Pionier, ein typischer Dünenbewohner, der dort wächst, wo andere Gehölze keine Chance haben. Am besten gedeiht er auf nährstoffarmen, kargen, sandigen Böden. Dürre verträgt er genauso gut wie Wind und Kälte.

Am liebsten siedelt der Sanddorn in sandigen Böden und in Dünengebieten, die er mit seinem sternförmigen Wurzelsystem durchzieht. Damit spielt er eine wichtige Rolle als natürlicher Erosionsschutz. Auf den Inseln und an den Küsten von Nord- und Ostsee wird Sanddorn schon seit Jahrhunderten zur Befestigung der gefährdeten Dünen angepflanzt und bildet einen wichtigen Faktor des ökologischen Küstenschutzes. Das weit verzweigte Wurzelwerk ist ein effektiver Schutz gegen Abschwemmung. Sanddorn ist ein „Festhalter" lockerer Böden und eignet sich auch hervorragend zur Sicherung von Böschungen und sandigen Abhängen. In den letzten Jahrzehnten hat sich diese Methode weiter durchgesetzt, und inzwischen findet man den Strauch auch im Binnenland als natürliche Befestigung entlang der Autobahnen und an Straßenböschungen.

Außerdem ist Sanddorn ein Vorbereiter karger Böden für anspruchsvollere Pflanzen. Nach mehreren Generationen Sanddornbewuchs sammelt sich Humus im Boden an. Der Boden wird nährstoffreicher, andere Gehölze beginnen sich auszubreiten. Sobald dies geschieht, wird es dem Sanddorn zu eng und zu dunkel. Er mag nicht im Schatten der anderen stehen. Wo Licht fehlt, weicht er zurück, um sich dorthin auszubreiten, wo es wieder sandiger und heller ist und er die Sonne für sich alleine hat.

An den Wurzeln des Sanddorns lebt der Strahlenpilz Actinomycetes. Er ist in der Lage, freien Stickstoff aus der Luft zu binden, den er in kleinen braunen Knöllchen an den Wurzeln seines Wirtes anreichert und ihm zugänglich macht. Diese Symbiose löst weitgehend die Nährstoffversorgung des Sanddorns. Auch der karge Boden profitiert von dieser Gemeinschaft. Durch den zugeführten Stickstoff wird er zunehmend verbessert und bietet bald auch anderen Pflanzen Wuchsmöglichkeiten. So erschließt der Sanddorn den Boden nicht nur, sondern verbessert ihn auch und kann daher auf Ödstellen sowie zu Rekultivierungsmaßnahmen (z. B. auf Halden des Braunkohletagebaus) angepflanzt werden. Auch als Brutstätte, Nahrungslieferant und Zufluchtsort für heimische Vögel spielt der Sanddornstrauch eine wichtige Rolle.

Arten und Verbreitung

Der botanische Name des Sanddorns ist *Hippophae rhamnoides.* Er gehört zur Familie der *Elaeagnazeen,* der Ölweidengewächse. Der Sanddorn entwickelt sich zu einem stark verästelten, dornigen Strauch, der auch Baumgröße erreichen kann. Je nach Standort weist er Unterschiede im Aufbau des Gerüstes, in der Bedornung, in der Fruchtgröße und Fruchtfarbe sowie in den Inhaltsstoffen der Beeren auf, ebenso in Blüh- und Reifezeiten. In den verschiedenen Herkunftsgebieten und bei unterschiedlichen klimatischen Bedingungen sind auf diese Weise völlig verschiedene Arten entstanden.

Das natürliche Verbreitungsgebiet der verschiedenen Sanddornarten erstreckt sich von einem weit ausgedehnten Gebiet in Zentralasien über

Skandinavien bis an die Nord- und Ostseeküsten. Dabei ist zwischen zwei Hauptgruppen zu unterscheiden:

In den Anliegerstaaten von Nord- und Ostsee (Nordwestfrankreich, Südostengland, Belgien, Niederlande, Norddeutschland, Litauen, Estland, Finnland und Norwegen) gibt es die so genannten maritimen Sanddornvorkommen *(Hippophae maritima).* Das ist der Sanddorn, den wir von den friesischen Inseln, von Rügen, Hiddensee und unseren Küsten kennen und dessen Beeren die Grundlage für die beliebten regionalen Sanddornprodukte bilden. Er ist ein richtiger „Ureinwohner" der küstennahen Gebiete. Nach der letzten Eiszeit waren Sanddorn und niedrige Weiden nachweislich die beiden Pioniergehölze, die die Böden Nord- und Mitteleuropas besiedelten und den Lebensraum neu erschlossen, lange bevor Birke und Kiefer als Wegbereiter der beginnenden Wiederbewaldung auftraten.

Die kontinentalen Sanddornarten haben ein sehr viel größeres Verbreitungsgebiet. Sie wachsen in den Pyrenäen, in den Alpen, den Karpaten, im Kaukasus, im Pamir- und Altaigebirge, vom Baikal bis zum tibetischen Hochplateau, in der Mongolei und in China, wo der Schwerpunkt der Verbreitung liegt. Mit dem heimischen Sanddorn sind diese kontinentalen Arten allerdings kaum zu vergleichen. Sie unterscheiden sich im Aufbau des Gerüstes und damit im ganzen Aussehen ebenso wie in den Inhaltsstoffen der Beeren, in ihrem Öl- und Vitamingehalt.

Die Pflanze

Der Sanddornstrauch ist leicht zu erkennen. Charakteristisch sind seine wechselständigen, schmalen, lanzettförmigen Blätter, die 5 bis 8 Zentimeter lang werden. Die Breite der Blätter beträgt nur 5 bis 7 Millimeter. An der Oberfläche sind sie grünlichgrau. Die Blattunterseite ist mit Schildhaaren bedeckt, die als Verdunstungsschutz dienen. Dadurch wirkt die Blattunterseite silbrig-weiß. Die feine Behaarung reflektiert die auftreffenden Sonnenstrahlen und schützt die Blattzellen so vor Austrocknung. Darum kann die Pflanze an extrem trockenen Standorten gedeihen. Alle Sanddornarten lieben Licht und Wärme, und alle sind sommergrün. Im Herbst färben sich die Blätter allmählich kupferrot und sterben im Winter ab.

Neue Triebe bildet der Sanddorn nur an seinen Außenrändern und in der Krone. Sie beginnen im Frühjahr zu wachsen und sind anfänglich noch recht weich und ohne Dornen. Erst im Herbst verhärten sie, und die langen, spitzen Dornen entstehen. Damit ist die Bildung des Holzes abgeschlossen, an dem sich im Folgejahr Blüten und Früchte entwickeln können. Ältere Äste sterben ab. So kommt es, dass sich im Innern eines betagten Sanddorngehölzes ein dornenbewehrtes System aus toten Ästen bildet.

Je nach Sorte und Standort werden die Sträucher 1,5 bis 4 Meter hoch, in Ausnahmefällen können auch 6 oder sogar 8 Meter Höhe und ein Alter von 30 bis 40 Jahren erreicht werden. Die ungleichmäßig und sperrig abstehenden Äste haben eine glatte Rinde von graubrauner oder braunschwarzer Färbung.

Der Sanddorn ist ein einzigartiger Pionier für Böden, die für andere Pflanzen zu karg und zu nährstoffarm sind. Trockenheit kann ihm nur wenig anhaben. Dies lässt sich auch an seinem Wurzelsystem ablesen: Die Hauptwurzeln des Sanddorn dringen mehrere Meter in den Boden ein, so dass er auch tief liegende Wasservorräte erschließen kann. Daneben bildet er gleichzeitig ein dichtes, flach verlaufendes Wurzelsystem aus. Bis zu 12 Meter im Durchmesser kann sich ein einzelner Sanddornstrauch auf diese Weise ausbreiten. Aus den Ausläuferwurzeln sprießen neue Jungpflanzen. Da immer neue Sprosse hinzukommen, verdichtet sich der Sanddornbestand ständig. Gleichzeitig kommt es durch die vielen Ausläuferwurzeln zu einer sehr festen Verankerung im Untergrund. Nahezu unlösbar hält sich der Strauch im Boden fest. Sogar wiederholte Verschüttungen oder Überschwemmungen schaden ihm meist nicht. Deswegen ist der hartnäckige Sanddorn auch so gut zum Urbarmachen schwer erschließbarer Hänge und Dünen geeignet. Wo er einmal Fuß gefasst hat, kann ihn nichts mehr vertreiben - außer Mangel an Licht und Sonne.

Sanddorn ist eine zweihäusige Pflanze, das heißt, es gibt männliche und weibliche Sanddornpflanzen. Männliche und weibliche Blüten befinden sich auf getrennten Sträuchern. Nur die weiblichen Pflanzen tragen Früchte. Männchen und Weibchen können erst mit dem Einsetzen der ersten Blütenbildung eindeutig voneinander unterschieden werden.
Der Sanddorn hat eine relativ kurze Blütezeit. Die weiblichen Blüten erscheinen zwischen März und Mai vor dem Blattaustrieb. Unscheinbar und klein, tragen sie weder Kronenblätter noch Nektarien. Sie stehen auf ganz kurzen Stielen und sind nur 2 Millimeter groß. Ihre Kelchröhren sind

grün. Der Laie wird sie kaum als Blüten erkennen. Sie duften würzig nach Honig und locken schon bald Insekten an. Die Bestäubung erfolgt allerdings ausschließlich durch den Wind, da die männlichen Pflanzen mangels Duftstoffen von den Insekten nicht angeflogen werden.

Die männlichen Blüten sind etwas größer und brechen aus dicken, rotbraunen, kugeligen Knospen hervor. Sie bestehen aus zwei Kelchblättern, die vier Staubblätter bogenförmig bedecken. Ihr Blütenstaub wird durch den Wind auf die weiblichen Blüten übertragen. Nach der Bestäubung entwickeln sich aus den weiblichen Blüten kleine rundlich-eiförmige Scheinfrüchte. Sie haben einen kurzen Stiel und enthalten später einen glänzend dunkelbraunen Samen.

Die Früchte des Sanddorns sitzen meist in dichten Trauben eng und fest an den Ästen. Sie haben weiches Fruchtfleisch und einen stark sauren bis herben Geschmack. Der Sanddorn im Alpengebiet hat kleinere Blätter und Früchte als der Sanddorn in den Küstengebieten. Seine Beeren sind rund bis leicht zylindrisch geformt, mit einer Länge von 6 bis 8 Millimetern. Auf den Ostfriesischen Inseln und an der Ostseeküste sind die Beeren erheblich größer, oft eiförmig und bis 14 Millimeter lang. In der Reife sind sie orangerot gefärbt und mit Schildhaaren bedeckt. Die Haut umhüllt neben einer dünnen Schicht Fruchtfleisch einen wertvollen Samenkern. Kern und Fruchtfleisch sind ölhaltig. Aufgrund dieses Ölgehalts gilt der Sanddorn bis heute als „Ölbaum des Nordens".

Kleine Kulturgeschichte des Sanddorns

Die Erklärung des Namens *Hippophae rhamnoides* ist umstritten. Der Gattungsname rhamnoides bedeutet „kreuzdornähnlich". Über das *Hippophae* hingegen kann man spekulieren. Als Übersetzung des griechischen *hippo* „Pferd", und *phao* „glänzend", wäre der Sanddorn ein „glänzender Pferdedorn". Angeblich wurden bereits in der Antike den Pferden Sanddornblätter und junge Triebe ins Futter gemischt, was ihnen ein glänzendes Fell verlieh.

Die Pferde des Dschingis Khan werden im ähnlichen Sinne zur Erklärung herangezogen: Auch sie fraßen angeblich Sanddorn und zeichneten sich durch ihre Kraft und ihr glänzendes Fell aus und sollen, wie die gefürchteten Krieger selbst, durch die heilenden und wohltuenden Kräfte der Sanddornbeeren gestärkt gewesen sein. - Denkbar sind viele Erklärungen, nur bewiesen ist keine!

Sanddorn, Stranddorn, Dünendorn, Stechdorn, Korallenbeere und andere norddeutsche Bezeichnungen sind da viel sinnfälliger und für den Sanddornfreund aufschlussreicher, da sie unmittelbar auf den Standort des dornigen Strauches und sein Aussehen hinweisen.

Obwohl der Sanddorn eine heimische Pflanze ist, ist er in Deutschland immer noch weit weniger bekannt als manche exotische Frucht oder manche Pflanze aus dem Mittelmeerraum. Sehr zu Unrecht allerdings, denn es gibt kaum eine zweite Fruchtsorte, die eine derartige Vielfalt an wertvollen Inhaltsstoffen bietet. Mit ihrem Vitamin-C-Gehalt nehmen die Sanddornbeeren eine absolute Spitzenstellung ein.

Erstmals erwähnte der englische Botaniker William Turner (1515-1568) in seinen Schriften eine Pflanze namens „Halimus", die später als Sanddorn identifiziert wurde: *„Halimus wächst im Überfluss auf den ostfriesischen Inseln, wo die Bewohner aus den roten Beeren eine Sauce machen. Auch habe ich Halimus in Flandern gesehen, an der Meeresküste."*

Die erste ausführliche Beschreibung des Sanddorns als Heilmittel findet sich bei dem Schweizer Botaniker Johannes Bauhin (1541-1613):
„Die Sanddornbeeren tun durch ihren sauren Geschmack dem seekranken Magen und ekelerfüllten Gaumen wohl. Den Speichel locken sie hinreichend hervor und Fiebernden vertreiben sie den Durst. Sie haben purgierende (= abführende) Wirkung. Der eingedickte Saft, äußerst sauer und zusammenziehend, ungefähr wie bei Berberitze, wird bei Durchfall empfohlen."

Bauhin war es auch, der als erster eine typische Eigenschaft des Sanddorn beschrieb, nämlich die Teilung in fruchtige, wässrige und ölige Bestandteile, die heute als „Phasentrennung" bezeichnet wird:
„Die Beeren geben, wenn sie zerrieben werden, einen Saft von sich (...) der eine Mischung aus drei Stoffen ist, nämlich Öl, Wasser und wenig Fruchtfleisch. Nach dem Ausquetschen tritt eine Scheidung in drei „Medikamente" ein. Das Fleisch sammelt sich unten im Gefäß als Brei von zusammenziehendem Geschmack, das Wasser schichtet in der Mitte und über dem Brei, unter dem Öl, und geht über in einen Ölschaum, hat sehr sauren Geschmack, der sogar mit dem Essig wetteiferte. Was aber an dem Saft fett ist, schwimmt auf dem Ölschaum und unterscheidet sich in seiner Fettigkeit nicht vom richtigen Öl."

Von Skandinavien bis nach Flandern werden die wild wachsenden Sanddornbeeren als wertvolles Nahrungsmittel in der traditionellen Küche zur Zubereitung und Verfeinerung regionaler Speisen genutzt. Auf den kargen Böden der küstennahen Gebiete Finnlands und Lapplands, wo der Sanddorn bis zum 66. Breitengrad vorkommt, sind sie eine seltene Frischfrucht, praktisch die einzige wild wachsende, natürliche Vitamin-C-Quelle, und stellten in Zeiten, in denen noch keine Bananen und Zitrusfrüchte in die abgelegensten Gebiete der Welt verfrachtet wurden, für die Bevölkerung einen enorm hohen Nahrungswert dar.

Literaturhinweise auf die medizinische Verwendung des Sanddorns sind hingegen selten. Mitte des 19. Jahrhunderts schrieb David August Rosenthal in seinem Buch über Heilpflanzen, dass in Norwegen Blätter und Blüten des Sanddorns gegen Gicht, Rheumatismus und Ausschläge angewandt werden. Die Beeren dienten zudem als saures Gewürz und in Form von Mus als Beigabe zu Fischgerichten.

Überregional hingegen blieb der Sanddorn lange Zeit beinahe unbekannt. Möglicherweise trug das wenig einladende Äußere des Strauches dazu bei. Die kräftigen Dornen wirkten abschreckend, und die „giftigrote" Farbe der Beeren war suspekt. Dazu kamen die schwierige Pflückung und die relativ geringe Erntemenge. Auch konnten die frischen Beeren nie auf weit entfernten Märkten angeboten werden, da sie rasch verdarben. Schnelle Transportmöglichkeiten oder Tiefkühlung gab es nicht. So blieb der beste einheimische Vitamin-C-Lieferant außerhalb seines angestammten Lebensraumes lange Zeit im Schatten leichter erreichbarer und „süßerer" Früchte verborgen.

Dies änderte sich erst mit dem Zweiten Weltkrieg. Vitaminreiche Kost war oft Mangelware, und man besann sich auf den Sanddorn. Auf den Ostfriesischen Inseln wurden die Beeren geerntet und gleich weiterverarbeitet. Zum Pflücken wurden Schulkinder eingesetzt, die als Gegenleistung für die dornige und mühsame Arbeit Lebensmittelkarten erhielten. Aus den Sanddornbeeren wurden hauptsächlich Vitamin-C-Tabletten zur Versorgung der Soldaten hergestellt.

Nach dem Krieg geriet der Sanddorn ebenso schnell wieder in Vergessenheit. Südfrüchte aller Art kamen nun nach Europa. Die Zeit der Nahrungsmittelknappheit war vorbei. Man war auf den Sanddorn als Vitaminspender nicht mehr angewiesen. Im westdeutschen Wirtschaftswunderland floss ein nie versiegender Strom von Zitronen, Bananen und Orangen, die so viel weniger Arbeit machten als die leuchtenden Sanddornbeeren!

Der Sanddorn fiel wieder zurück in die Kategorie der Ziergehölze. An den Küsten und auf den Inseln wurde er weiterhin zur Bodenbefestigung von Sand und Dünen genutzt, wie bereits seit Jahrhunderten. Selbst gesammelte Beeren wurden von den Hausfrauen zu Saft, Sirup oder Gelee verarbeitet, woraus sich im Laufe der Zeit eine Vielzahl von Rezepten entwickelte, die heute als regionale Spezialitäten bekannt sind.

In Ländern, in denen der freie Zugriff auf Südfrüchte in beliebiger Menge nicht gewährleistet war, wie etwa in der DDR, blieb der Sanddorn als Vitaminspender interessant. Seines hohen Vitamin-C-Gehalts wegen wurde er auch als „Zitrone des Nordens" bekannt. In der DDR dachte man eine Zeitlang sogar daran, die Speisegewohnheiten Skandinaviens aufzugreifen und zur Verringerung des Importes von Zitrusfrüchten zu Karpfen und Forelle Sanddorn zu servieren.

So beschritt in den Jahrzehnten nach Kriegsende der Sanddorn in der Osthälfte Deutschlands den Weg von der Wild- zur Kulturpflanze und wurde zunehmend wirtschaftlich genutzt. Ursprünglich heimisch ist er hier an der Ostseeküste. Nach Ende des Krieges ging durch unsachgemäßes Sammeln und auch durch die Verwertung der Sträucher als Brennholz der Wildbestand der Pflanzen stark zurück. Dann wurden Schutzbestimmungen erlassen, und in den 1980er Jahren begann der planmäßige Sanddornanbau mit Auslese- und Züchtungsverfahren.

Die in Brandenburg und Mecklenburg-Vorpommern weitverbreiteten Sandböden stellten ideale Anbaubedingungen dar. Die erste Sanddorn-Plantage der DDR wurde 1980 im mecklenburgischen Ludwigslust angelegt. Vor allem in Mecklenburg-Vorpommern entstanden große Sanddornpflanzungen. Die anspruchslose Wildfrucht wurde besonders an Stellen mit schlechter Bodenqualität angepflanzt, ebenso auf Obstrodeflächen und in Spätfrostlagen, die für den normalen Obstanbau ungeeignet waren. Nach und nach standen mehrere Sanddorn-Zuchtarten zur Verfügung. Den weiblichen Sorten wurden verschiedene männliche so genannte „Pollmix"-Klone zugeteilt.

1982 wurde die Arbeitsgemeinschaft „Sanddornanbau" gegründet, die sich intensiv mit allen Fragen der Sortenwahl, Züchtung, Ernte und Verarbeitung beschäftigte. Trotz aller Bemühungen blieb Sanddorn aber auch in der Ex-DDR meist Mangelware. Zudem war ein großer Teil der Sanddornsäfte aufgrund recht grober Verarbeitungstechniken nicht gerade ein Genuss: Der normale „Sanddorn-Süßmost" sah oft unansehnlich braun aus und schmeckte eher herb als fruchtig. Das lag daran, dass für die Verarbeitung entblätterte Astabschnitte, die mit Beeren besetzt waren, vollständig mitgepresst wurden, was einen negativen Einfluss auf Aussehen und Qualität des Endproduktes hatte. Auf diese Weise erzielte man allerdings größere Rohstoffmengen. Heute haben sich die Verarbeitung, die Qualität der Säfte, der Geschmack und auch das Aussehen deutlich verbessert.

Nach der Wende 1990 kam es zu einem fast vollständigen Zusammenbruch des Sanddorn-Anbaus. Wurde 1989 Sanddorn noch auf insgesamt etwa 300 Hektar kultiviert, schrumpfte die Fläche schnell auf die Hälfte. Viele kleine Firmen konnten nicht überleben. Nicht mehr abgeerntete Sanddornsträucher wurden ausgerissen.

Heute ist das Interesse am Sanddorn und seiner gesamten Produktspannbreite in Deutschland wieder gestiegen, und es werden mehr Produkte hergestellt, die auf die Verbraucherwünsche abgestimmt sind. Etwa seit Mitte der 1990er Jahre erwachte auch das Interesse für die Sanddornöle. Seitdem wurden verschiedene Kosmetikserien entwickelt mit Produkten wie Gesichtscremes, Körperlotionen, Hautpflege- und Sonnenölen, Lippenbalsam, Cremeseifen, Duschgels und Haarshampoos, die Sanddornöl enthalten.
Um der wachsenden Nachfrage nach Sanddornprodukten nachzukommen, gibt es seit einigen Jahren neben den mecklenburgischen Sanddornplantagen auch eine erste Pflanzung in Ostfriesland in der Nähe von Aurich.

Übrigens dient der Sanddorn mit seinen Beeren nicht nur der gesunden Ernährung, auch Holz und Blätter der Pflanze sind vielseitig nutzbar: Das knorrige, harte Holz wird von Drechslern geschätzt. Es hat einen gelblichen oder elfenbeinfarbenen Splint und einen braun geflammten Kern, und eignet sich zur Herstellung kleinerer dekorativer Objekte wie Pfeifen, Griffe oder Billardkugeln.

Die sehr gerbstoffhaltigen Blätter des Sanddorns eignen sich besonders zur Teeherstellung. Auch sind sie als natürliches Heilmittel geeignet.

Kultivierung und Ernte

Der Sanddorn verträgt Trockenheit, Kälte und Wind. Seine Widerstandsfähigkeit gegen Frost und Hitze ist hoch. Natürliche Sanddornvorkommen sind in den verschiedensten Klimagebieten anzutreffen. Nur auf Licht kann der Sanddorn nicht verzichten. Davon ist seine ganze Entwicklung abhängig. Darum verlaufen auch die Pflanzreihen in einer Sanddornplantage meist in Nord-Südrichtung, um die größtmögliche Nutzung des Lichteinfalls für alle Pflanzen zu gewährleisten.

Was den Boden betrifft, ist der Sanddorn äußert anspruchslos. Er bevorzugt durchlässige, tiefgründige und gut durchlüftete Böden. Wenig fruchtbare Sandböden sagen ihm am ehesten zu. Sogar höhere Salzgehalte kann er vertragen, was seinem natürlichen Vegetationsraum an der Meeresküste und im Dünensand entspricht. Nährstoffreiche Böden meidet er und zieht sich zurück, wenn die Erde an seinem Standort zu humushaltig wird.

Auf natürliche Weise werden die Samen des Sanddorns durch Vögel verbreitet, welche die Beeren fressen und die Samen wieder ausscheiden. Die Anzucht von Sanddornpflanzen aus Samen ist recht langwierig und schwierig. Es dürfen nur die Samen aus voll ausgereiften Beeren verwendet werden, nicht aber die ganzen Beeren. Den Samen gewinnt man durch Zerdrücken der Beeren und Auswaschen mit Wasser. Wärme erhöht den Saaterfolg, und als Aussaatzeitpunkt wird das Frühjahr empfohlen. Die beste Keimtemperatur liegt bei 25 Grad.

Am besten geht die Sanddornsaat in Sandböden auf, am schlechtesten in nährstoffreicher Humuserde. Besonders an ungünstigen Standorten gehen die jungen Pflänzchen aber häufig bald nach dem Keimen wieder ein. Gedeihen die jungen Pflänzchen, vergehen immer noch vier bis fünf Jahre, ehe sie zu blühen beginnen und die ersten Früchte tragen. Ein ziemlich mühsamer Weg zur eigenen Ernte! Wer bald eigenen Sanddorn ernten möchte, zieht besser Ableger heran. Stellt man abgeschnittene Zweige in gewöhnliches Wasser, so bilden sich an einjährigen Stecklingen relativ schnell kleine Wurzeln. Wenn dies missglückt, kann man natürlich auch versuchen, junge männliche und weibliche Pflanzen in einer Baumschule zu bekommen.

Der Sanddorn braucht kaum Düngung. Da er unempfindlich gegen Krankheiten und Schädlinge ist, kann im Anbau auf Pestizide ganz verzichtet werden. Die zur Pflanzung vorgesehene Fläche muss allerdings frei von stark wurzelnden Unkräutern sein. Gejätet wird auf natürliche Weise - per Hacke oder mit der Hand.

Fortpflanzung im Harem

Zur Befruchtung der weiblichen Sanddornsträucher ist die Zuordnung ausreichend vieler männlicher Pflanzen als Pollenspender notwendig. In natürlichen Gehölzen sind männliche und weibliche Pflanzen zahlenmäßig etwa gleich stark vertreten. Wird Sanddorn angepflanzt, hilft man der Natur etwas nach. Die Anbauflächen werden von männlichen Pflanzen umrahmt, und zusätzlich werden in die Reihen der Weibchen auch Reihen mit Männchen eingefügt. Auf jede männliche Pflanze kommt rechnerisch ein kleiner Harem: Ein männlicher Sanddorn sorgt für die Bestäubung von etwa 9 Weibchen. Der Anteil der männlichen Pflanzen in einer

Plantage sollte daher 8 bis 10 Prozent betragen. Die Bestäubung erfolgt ausschließlich durch den Wind, denn Insekten befliegen nur die duftverströmenden weiblichen Blüten. Auch die Hauptwindrichtung muss bei der Anpflanzung beachtet werden. Hat es mit der Bestäubung geklappt, tragen die weiblichen Pflanzen - je nach Sorte - etwa ab Mitte August ihre leuchtenden Beeren.

Die Ernte

Geerntet wird ab Ende August bis Mitte Oktober, je nach Sorte bzw. Reifezustand der Beeren. Der richtige Erntezeitpunkt darf nicht verpasst werden. Die Beeren bleiben zwar bis weit nach dem Laubabfall in den Winter hinein am Strauch hängen, machen dabei aber Geschmacksveränderungen durch. Es bildet sich Buttersäure, und der Vitamin-C-Gehalt geht zurück. Wenn es draußen gefroren hat, sind die Früchte meist schon ungenießbar geworden. Der Vitamingehalt ist sogar noch vor der Vollreife am höchsten.

Geerntet wird möglichst bei trockenem Wetter. Die Ernte selbst bereitet einige Probleme. In der Hochreife sind die Beeren sehr prall, die schützende Schale ist relativ dünn und empfindlich. In dichten Trauben hängen die Beeren an den Ästen. Sie haften aber so fest am Holz, dass es kaum möglich ist, sie abzulösen, ohne sie zu zerquetschen. Deshalb werden von den Sammlern meist kleine Zweige geerntet, von denen die Beeren dann vorsichtig mit der Schere abgeschnitten oder mit einer Gabel abgestreift werden. Oft wird ein Tuch unter die Büsche gelegt, um die Beeren aufzufangen. Oder die Sammler binden sich eine große Schürze um, deren untere Ecken an den Ästen des Strauches so befestigt wird, dass die vorsichtig geernteten Beeren hineinfallen. Aus der Schürze werden die Beeren in Körbe entleert und kühl oder zumindest in den Schatten gestellt. - Ein mühsames Geschäft!

Besonders bei Wildbeständen leisten die dichten Gehölze, der sperrige Aufbau des Astwerks und die Dornen kräftigen Widerstand gegen eine effektive Beerntung. Für den Hausgebrauch wird der Sanddorn auch oft „gemolken". Dazu werden die Beeren direkt am Strauch so gekonnt zerquetscht, dass der Saft durch die Hand in einen Auffangbehälter läuft. Der Inhalt wird später zur Reinigung nochmals durch ein Leinentuch gegeben. Die Melker müssen gut Acht geben, dass sie sich am den Stacheln der Äste nicht verletzen. Meist verwenden sie spezielle Handschuhe zum Schutz.

Heute haben die Anbauer gelernt, mit dem widerspenstigen Sanddorn umzugehen. Die Ernte der Beeren ist schonender geworden, und auch der Arbeitsaufwand wurde vermindert. Etwa seit Mitte der 1980er Jahre wird Sanddorn als echte Kulturpflanze behandelt und kontrolliert ökologisch angebaut. Die dicht mit Früchten behangenen Äste werden per Hand abgeschnitten und bei minus 40 Grad ohne Vitaminverlust schockgefroren. Im tiefgefrorenen Zustand können die Beeren leicht abgeschlagen werden, oder die Äste kommen auf eine Rüttelmaschine, wo die Beeren durch die mechanische Bewegung vom Holz getrennt werden. Dann werden sie weiterverarbeitet, oder sie bleiben bis zur Weiterverarbeitung bei minus 18 Grad gekühlt gelagert.

Bei guter Pflege kann ein Sanddornstrauch etwa 20 Jahre lang Erträge liefern. Die Ertragsmenge richtet sich nach der Sorte. Von einem Strauch der Sorte „Leikora" beispielsweise können ab dem 5. Standjahr etwa fünf bis sieben Kilo reine Beeren geerntet werden.

Der erforderliche Rückschnitt erfolgt direkt mit der Ernte (Schnitternteverfahren). Die fruchttragenden Äste werden in einer Höhe von 0,80 bis 1,00 Meter über dem Boden abgeschnitten. Im Folgejahr bilden sich dann neue Triebe, die ein weiteres Jahr später den nächsten Ertrag liefern können. Darum kommt auf den Plantagen pro Erntesaison nur die Hälfte oder ein Drittel der Sträucher unter die Schere, damit im folgenden Jahr die anderen Bestände abgeerntet werden können.

Sanddorn ist im Anbau sehr arbeits- und kostenintensiv. Die Ernte ist aufwändig, der energetische Aufwand für die erforderliche Schockfrostung ist hoch. Die alternierende Ernte verlangt große Anbauflächen. Trotz der geringen Ansprüche der Pflanze an den Standort wird der Sanddornanbau darum wahrscheinlich begrenzt bleiben. Grundsätzliche Voraussetzung sind in der Nähe befindliche Gefrier- und Kühlmöglichkeiten und die Anlagen zur weiteren Verarbeitung. Ebenso muss die erforderliche Erntetechnik zu Verfügung stehen, deren Auslastung nur bei einem Anbau in größerem Umfang gewährleistet ist. Kleinsterzeuger sollten daher den Sanddornanbau nicht in Betracht ziehen - oder ihn als Hobby betreiben.

Sanddorn-Sorten

Bei den gebräuchlichen Sanddorn-Sorten handelt es sich um Auslesen aus Wildbeständen, die vegetativ weiter vermehrt werden. In der DDR wurde bei der Auswahl besonderer Wert auf die Fruchtsaftgewinnung gelegt, also auf einen hohen Säure- und Vitamin-C-Gehalt. Außerdem wurde auf unterschiedliche Fruchtreife und damit zeitlich versetzte Erntetermine geachtet.

Bekannte weibliche Kulturorten sind Leikora, Hergo, Frugana, Dorana und Askola. Als männliche Züchtungen gibt es mehrere „Pollmix"-Klone, die zu unterschiedlichen Zeiten blühen und den Weibchen etwa im Verhältnis 1 zu 9 bzw. 1 zu 10 zugesellt werden.

Sanddorn im eigenen Garten

Sanddorn braucht viel Raum. Für Kleinstgärten ist er nicht geeignet. Und natürlich benötigt er auch im Garten sein Lebenselixier: Sonne und Licht! Zwischen hohen Häuserwänden und im Schatten anderer Bäume und Gehölze gedeiht Sanddorn nicht, und auch „gute" gedüngte und mit Humus angereicherte Gartenerde macht ihn nicht glücklich.

So wertvoll Sanddorn in der freien Natur als Bodenbefestiger ist, so sehr kann er im eigenen Garten zur Plage werden: Sein ausgeprägtes Wurzelsystem erstreckt sich bis zu zwölf Metern im Umkreis. Wurzelausläufer drängen an die Erdoberfläche und können Gehwegplatten hochheben und Fundamente beschädigen. An günstigen Standorten treibt er so viele Ausläufer, dass man seinem unermüdlichen Ausbreitungsdrang ständig mit Hacke und Spaten Grenzen setzen muss.

Nur in großen Gärten, in denen er frei stehen und sich ausbreiten kann, findet der Sanddorn einen geeigneten Platz. Die Wurzelausläufer entfernt man dennoch immer wieder, um eine unkontrollierte Ausbreitung zu verhindern. Man kann sie auch als Jungpflanzen an geeigneter Stelle weiterverpflanzen. Soll der Sanddorn im eigenen Garten Früchte tragen, braucht man mindestens zwei Pflanzen: eine männliche zum Bestäuben, und eine weibliche, die später Beeren trägt.

Als Heckenpflanze ist Sanddorn bedingt geeignet: In großen Gartenanlagen bildet er eine optisch reizvolle und undurchlässige Einfriedung mit zusätzlichem Fruchtertrag, die allerdings reichlich Platz braucht und nicht in Form geschnitten werden kann. Auch ist eine solche Hecke arbeitsintensiv, denn ständig müssen die zahlreichen Ausläufer unter Kontrolle gehalten werden, damit sich aus der Hecke kein undurchlässiger Wald entwickelt.

Kleingartenbesitzer sollten sich am Sanddorn und seinen leuchtenden Beeren besser in seinem natürlichen Lebensraum erfreuen: In den weiten Küstenlandschaften an Nord- und Ostsee, wo er ideale Standortbedingungen findet und sich nach Belieben als König der Dünen ausbreiten kann.

Inhaltsstoffe und Wirkungen

Der Sanddorn kann mit gutem Recht als natürliches Multivitaminpräparat bezeichnet werden. Er ist ein herausragendes Naturprodukt mit vielen Vorzügen und wird aufgrund seiner Inhaltsstoffe als ernährungsphysiologisch besonders wertvoll eingestuft. Mit seinen zahlreichen Vitaminen und Mineralstoffen wirkt er positiv auf den ganzen Körper. Nur wenige Pflanzen haben einen so hohen Vitamin-C-Gehalt wie der Sanddorn, selbst Zitrusfrüchte und Schwarze Johannisbeeren können nicht mithalten.

Unter den fettlöslichen Vitaminen ist neben dem Karotin auch Vitamin E vorhanden. Sanddorn ist eine der wenigen Fruchtarten, in denen Vitamin C, Provitamin A (Karotin) und Vitamin E gleichzeitig vorkommen und sich so ideal ergänzen können. Gegenwärtig sind im Sanddorn insgesamt 10 Vitamine bekannt: Vitamin C, Provitamin A (Carotinoide), Vitamin P, Vitamin E, Vitamin K sowie Vitamin B1, B2, B6, B9 und B12.

Vitamine ermöglichen im Organismus den Auf- und Abbau der Nahrungsstoffe und damit die Stoffwechselerneuerung. Aber ebenso bedeutsam ist ihre Einbettung in einen natürlichen Verbund anderer Wirkstoffe. Auch Vitamin C kommt in der Natur nie isoliert vor, sondern immer in Verbindung mit anderen Vitaminen und Provitaminen, Fruchtsäuren und Spurenelementen. Ein solcher Komplex kann nur von der Natur gebildet werden, synthetisch ist er nicht nachzuahmen.

Inhaltsstoffe	pro 100 g Sanddorn (Frischfrucht)
Wasser	82,60 g
Kohlenhydrate	7,84 g
Fett	7,10 g
Eiweiß	1,40 g
Rohfasern	0,79 g
Mineralstoffe	0,45 g

Vitamine	pro 100 g Sanddorn (Frischfrucht)
(Durchschnittswerte, je nach Standort und Sorte mit Abweichungen)	
Vitamin C (Ascorbinsäure)	300 - 1.300 mg
Provitamin A (Karotin)	4 - 8 mg
Vitamin B1 (Thiamin)	0,02 - 0,04 mg
Vitamin B2 (Riboflavin)	0,03 - 0,05 mg
Vitamin B6 (Pyridoxin)	0,8 mg
Vitamin B9 (Folsäure)	0,8 mg
sowie	
Vitamin B12	
Vitamin E (Tocopherol)	
Vitamin H (Biotin)	
Vitamin K	
Vitamin P (Flavonoide)	

Durch seine hohen Mengen an positiven Inhaltsstoffen hat Sanddorn eine vorbeugende und unterstützende Wirkung auf den gesamten Organismus. Vor allem in den Wintermonaten wird er zur Stärkung des Immunsystems empfohlen, z.B. bei Anfälligkeit für Erkältungen und

Infekte, Erschöpfung, Appetitmangel und zur allgemeinen Leistungssteigerung. Mit seinen vielfältigen Vitaminen kann Sanddorn einen Mangel an Frischkost ausgleichen. In der Kriegs- und Nachkriegszeit, als die Versorgung mit frischem Obst und Lebensmitteln zum Erliegen kam, war Sanddorn heiß begehrt. Alles, was unter dem Namen „Mangelkrankheiten" zusammengefasst wird, spricht gut auf Sanddorn an. Besonders in der kalten und lichtarmen Jahreszeit kann Sanddorn viel zur Stärkung der natürlichen Lebenskräfte beitragen.

Für den Sanddorn gilt das Gleiche wie für alle Früchte: Das Ganze ist mehr als die Summe seiner Teile. Die positive Gesamtwirkung liegt in der jeweils einmaligen Kombination von Vitaminen und sekundären Pflanzenstoffen, die nur gemeinsam eine Schutzwirkung auf den Organismus entfalten können. Diese Kombination ist es, die frisches Obst und Gemüse gegenüber synthetischen Vitaminpräparaten so überlegen macht. In der Analyse unterscheiden sich Vitamine aus natürlichen Quellen zwar nicht von synthetisch hergestellten Vitaminen, aber ihre qualitativen Eigenschaften sind anders.

Vitamin C

Sanddorn hat einen außerordentlich hohen Gehalt an Vitamin C (Ascorbinsäure), der alle einheimischen Fruchtsorten weit übertrifft. Nur die Hagebutte kann dem Sanddorn gelegentlich das Wasser reichen. Je nach Standort und Sorte sind in 100 Gramm Sanddorn-Frischfrucht zwischen 200 und 1.300 Milligramm Vitamin C enthalten. Damit enthalten sieben Sanddornbeeren genauso viel Vitamin C wie eine ganze Zitrone.

Den höchsten Gehalt an Vitamin C haben Sanddornsorten, die in größeren Höhenlagen wachsen. Auf alpinen Standorten gewachsene Beeren enthalten zwischen 400 und 1.300 Milligramm Vitamin C pro 100 Gramm Frucht. Die etwas größeren Beeren von Sträuchern aus Küstenregionen enthalten meist bis zu 300 Milligramm Vitamin C pro 100 Gramm Frischfrucht. Auch die verschiedenen Sanddorn-Zuchtsorten weisen unterschiedlich hohe Vitamingehalte auf.

Das Vitamin C im Sanddorn ist viel stabiler als in anderen Quellen. Diese gute Stabilität drückt sich in einer langen Haltbarkeit ohne wesentliche Vitaminverluste aus. Sie beruht auf dem Mangel an Ascorbinsäure-Oxidase in den Beeren, ein Enzym, das Vitamin C abbaut.

Vitamin-C-Gehalt verschiedener Obstsorten
(Durchschnittswerte, je nach Sorte und Standort)
(Angaben in Milligramm pro 100 Gramm Frischfrucht)

Apfel	10 mg
Grapefruit	40 mg
Orange	50 mg
Zitrone	50 mg
Mango	37 mg
Papaya	80 mg
Paprika, rot	138 mg
Eberesche	100 mg
Petersilie	166 mg
Schwarze Johannisbeere	180 mg
Sanddorn	300 bis 1.300 mg

Vitamin C spielt eine wichtige Rolle im gesamten Stoffwechsel. Es stärkt das körpereigene Immunsystem. Die ausreichende Versorgung des Körpers mit Vitamin C ist notwendig für Gesundheit und Wohlbefinden. Es stärkt die Abwehrzellen und hilft, Erkältungen und Infekten vorzubeugen. Ebenso steht es in Verbindung mit einer Senkung des Cholesterin-Spiegels und der Blutfettwerte, wodurch sich Ablagerungen in der Blutbahn und den Blutgefäßen reduzieren. Vitamin C verbessert die Eisenaufnahme, und es spielt eine Rolle als „Hautvitamin", z.B. gegen UV-Strahlung und bei der Wundheilung. Vitamin C stärkt auch das Bindegewebe. Von entscheidender Bedeutung für die Stabilität des Bindegewebes ist das Kollagen. Vitamin C steigert die Kollagenproduktion und gilt damit als eines der wichtigsten Schönheitsvitamine im Kampf gegen welke Haut und schlaffes Gewebe.

Die klassische Vitamin-C-Mangelkrankheit ist der Skorbut, von dem früher vor allem Seefahrer betroffen waren, denen auf monatelangen Fahrten frisches Obst und damit die notwendige Vitamin-C-Versorgung fehlten. Skorbut äußert sich in Muskelschwund, Hautflecken, Anämie, Herzschwäche, Lockerwerden und Ausfallen der Zähne, Sehstörungen und nicht zuletzt auch durch psychische Beeinträchtigungen. Als man die Gründe der Krankheit entdeckte, wurde darauf geachtet, stets ausreichend Früchte zur Vitamin-C-Versorgung an Bord zu haben: Äpfel, Zitronen oder zumindest Zwiebeln.

Bereits 1735, als man noch nichts von Vitaminen und Ascorbinsäure wusste, riet der schottische Arzt James Lind zur Vorbeugung gegen Skorbut: „Frisches Gemüse zusammen mit reifen Früchten erweist sich als das beste Heilmittel und auch als wirkungsvollste Vorsorgemaßnahme." Anfang des 19. Jahrhunderts wurde auf britischen Kriegsschiffen und später auch in der britischen Handelsflotte die regelmäßige Einnahme von Zitronensaft sogar zur Pflicht.

Vitamin C ist auch in der Lage, aggressive Stoffe, so genannte freie Radikale, abzufangen. Im Haushalt der Natur haben die freien Radikale eine wichtige Aufgabe zu erfüllen. Sie sind eine Art Aufräumtruppe, die alles Kranke oder Welke vernichten. Im menschlichen Körper können sie Schäden anrichten, Zellen verändern oder zum Absterben bringen. Diese Radikalisierungsprozesse stehen häufig am Beginn einer Vielzahl von Krankheiten. Radikale Verbindungen entstehen jederzeit im Stoffwechselgeschehen oder werden durch Umweltschadstoffe (Zigarettenrauch, Autoabgase etc.) dem Körper vermehrt zugeführt. Freie Radikale sind maßgeblich an der Entstehung von Herz-Kreislauf- und Krebserkrankungen beteiligt. Die Vitamine C, E und die sekundären Pflanzenstoffe (z.B. die Carotinoide) durchbrechen diesen Kreis, indem sie die freien Radikale unschädlich machen. Stoffe, die freie Radikale abfangen können, werden Radikalefänger oder Antioxidantien genannt. Vitamin C ist eines der wichtigsten Antioxidantien im Körper.

Der menschliche Körper kann Vitamin C nicht selbst erzeugen. Es muss regelmäßig von außen zugeführt werden. Normalerweise wird eine tägliche Vitamin-C-Zufuhr von 100 Milligramm empfohlen. Das entspricht etwa 2 Teelöffeln Sanddornsaft. Ein erhöhter Vitamin-C-Bedarf besteht in der Schwangerschaft, während der Stillzeit, im Wachstum, bei alten Menschen, bei Rauchern oder Personen mit regelmäßigem Alkoholkonsum. Hier geht man von einem Bedarf von 150 Milligramm pro Tag aus. Sanddorn hat einen Energiewert von 103/432 kcal/kJ pro 100 Gramm Frischfrucht.

Weitere Inhaltsstoffe

Als praktisch einzige Frucht enthält Sanddorn die Vitamine C, Karotin und Vitamin E, die zu den klassischen Schutzstoffen unter den Vitaminen zählen, im Verbund. Alle drei werden in unterschiedlicher Weise an verschiedenen Stellen im Stoffwechsel gebraucht.

Beta-Karotin ist das bekannteste Carotinoid. Es dient der Bildung von Vitalstoffen im menschlichen Organismus. Neben dem Vitamin C ist das Beta-Karotin der bedeutendste Inhaltsstoff des Sanddorns, erkennbar an der intensiven Rotfärbung der Beeren. Beta-Karotin gehört zur Gruppe der Carotinoide und ist einer der wichtigsten Schutzstoffe unseres Körpers. Carotinoide sind pflanzliche Farbstoffe, die in vielen Pflanzen vorhanden sind, besonders in gelben und roten Obst- und Gemüsesorten, etwa in Tomaten, Aprikosen, Papaya und in der Mohrrübe, die danach „Karotte" genannt wird. Auch Sanddorn ist eine wichtige natürliche Karotin-Quelle. Die leuchtenden Beeren bringen es auf doppelt so viel Karotin wie die Karotte.

Carotinoide sind fettlöslich. Wie gut sie vom Körper aufgenommen werden, hängt in erster Linie vom Fettgehalt der Nahrung ab. Beim Sanddorn ist das gemeinsame Vorkommen von Öl und Wasser in den Beeren ideal. Aufgrund des öligen Anteils können die fettlöslichen Carotinoide vom menschlichen Körper sehr gut aufgenommen werden.

Provitamin A und seine Vorstufe Beta-Karotin sind besonders wichtig für den Zellschutz, die Knochenentwicklung, Haut und Schleimhäute, Fortpflanzung und Sehkraft. Auch das Immunsystem wird positiv beeinflusst. Beta-Karotin besitzt die Fähigkeit zur Lichtabsorption, und die Eigenschaft, sich in der Haut anzureichern. Dadurch wirkt es schützend bei starker Sonneneinstrahlung und auch vor Umweltbelastung, vor Bakterien und Oxidationsschäden.

Die **B-Vitamine** sind notwendig für die Funktionsfähigkeit des Nervensystems, von Organen und Geweben, Muskeln und Immunsystem. Sie bilden u.a. die Voraussetzung dafür, dass der Organismus rote und weiße Blutkörperchen produzieren kann, sind zuständig für die Energiegewinnung und Energiespeicherung im Organismus und unterstützen die Funktionen der Nervenbahnen und bestimmter Muskelgruppen. Vitamin-B-Mangel zeigt sich durch Störungen im Nervensystem.

Das **Vitamin B12** kommt hauptsächlich in Fleisch und Käse vor. Beim Sanddorn entsteht es durch eine Symbiose mit Bakterien auf der Außenschale der Beeren. Für Menschen mit B12-Mangel oder für Risikogruppen (z.B. Veganer) ist Sanddorn daher ein wichtiger pflanzlicher B12-Lieferant.

In 100 g Sanddorn sind außerdem bis zu 15 mg **Vitamin E** enthalten, was der halben Tagesdosis eines Erwachsenen entspricht. Vitamin E hilft den roten Blutkörperchen beim Sauerstofftransport, wirkt gegen die Verklumpung von Blut und gilt als wichtige Vorbeugung gegen Arteriosklerose. Besonders schützt es auch die Haut. Es wirkt Hautalterung und Entmineralisierung entgegen und bewahrt die Haut vor Austrocknung. Daher wird vielen kosmetischen Pflegeprodukten Vitamin E als Zellschutzstoff zugesetzt. Es schützt vor den schädlichen Einflüssen der UV-Strahlung und ist ein natürlicher Feuchthaltefaktor.

Besonders hoch ist der Vitamin-E-Gehalt im Sanddorn-Fruchtfleischöl. Es übertrifft den Gehalt fast aller Pflanzenöle um ein Vielfaches. Nur das Weizenkeimöl kann hier noch mithalten.

Nicht nur Äpfel, Johannisbeeren, Zwiebeln, Rotwein und Tee enthalten **Flavonoide** (früher als Vitamin P bezeichnet). Sie finden sich genauso in den Sanddornbeeren. Die Flavonoide sind Farbstoffe und gehören zu der Stoffgruppe der Polyphenole. Sie stärken Herz, Venen und Arterien, verbessern die Fließeigenschaften des Blutes und damit die gesamte Blutzirkulation, beugen Thrombosen und Infarkten vor. Sie beschleunigen den Cholesterinabbau an den Gefäßwänden und senken damit das Blutfett. Außerdem stärken sie die Immunabwehr, verbessern die Versorgung der Hautzellen, vermindern allergische Reaktionen und entzündliche Prozesse.

Neben den Vitaminen enthält Sanddorn fünfzehn **Spurenelemente.** Das sind Mineralstoffe, die vom Körper nur in winzigen Mengen gebraucht werden, für das Funktionieren des Organismus aber dennoch unentbehrlich sind. Die vielen Spurenelemente in den Sanddornbeeren wirken anregend für eine große Zahl biochemischer Reaktionen im Bereich des Stoffwechsels und bei organischen Funktionen. Sanddorn ist besonders reich an Zink, Kupfer, Kalium, Kalzium, Magnesium, Mangan und Eisen.

Kostbar: Das Sanddornöl

Sanddorn ist eine der wenigen heimischen Obstarten, deren Früchte Öl enthalten. Dieses Öl ist nicht nur in den Kernen enthalten, sondern, ähnlich wie bei der Olive, auch im Fruchtfleisch. Dieser natürliche Ölgehalt macht den Sanddorn auch aus medizinischer und kosmetischer Sicht so wertvoll. Der Ölgehalt der Beeren schwankt nach Standort, Sorte und Erntezeitpunkt. In unseren Breiten etwa sind etwa 2 Prozent Öl in den Früchten enthalten. In großen Höhen von mehreren tausend Metern haben die Beeren einen höheren Ölanteil.

Die Öle dienen der Pflanze als Energie- und Nährstoffreserve. Der Zeitpunkt der höchsten Ölanreicherung ist durch die Sorte, Wachstumsdauer und klimatische Gegebenheiten bestimmt. Will man in erster Linie Saft gewinnen, werden die Beeren in der Hochreife oder kurz vorher geerntet. Wird der richtige Zeitpunkt verpasst, vermindert sich der Vitamin-C-Gehalt der Beeren, und Aussehen und Geschmack verändern sich zum Negativen.

Sanddornöl (oleum Hippophae) ist für die innerliche und äußerliche Heilanwendung wirksam. Äußerlich aufgetragen wirkt es entzündungshemmend, lässt Wunden schneller abheilen, verringert Faltenbildung und Hautalterung, macht trockene, rissige Haut wieder weich und elastisch. Wird es oral eingenommen, beruhigt es die Schleimhäute von Magen und Darm.

In der ehemaligen DDR wurde das Sanddornöl schon Ende der 1980er Jahre für Kosmetikprodukte erprobt. Mit der Wende breitete sich der

Trend weiter aus. Heute gibt es hautverträgliche Salben, Cremes, Lotionen, Emulsionen sowie auch reines Öl im Handel. Der unter den Pflanzenölen nahezu einmalig hohe Gehalt an Palmitoleinsäure führt zu einer schnellen Aufnahme des Öls und der daraus hergestellten Kosmetika über die Haut. Für die Hautpflege werden die farbintensiven, reinen Sanddornöle mit anderen Ölen gemischt. Sie sind auch als Sonnenschutzpräparate geeignet. Die Inhaltsstoffe wirken Schäden durch UV-Belastungen vor. Die Anwendung ist vor allem bei intensiver Sonneneinwirkung und bei hohen Ozon-Werten empfehlenswert. Es sind kaum negative Nebenwirkungen des Sanddorn-Öls auf biochemische Abläufe im Körper bekannt, ganz selten kann es zu allergischen Reaktionen kommen.

Sanddorn-Produkte

Sanddornprodukte liegen im Trend. Mit seinem hohen Vitamingehalt wirkt Sanddorn kräftigend und stärkend, und die Verwendungsmöglichkeiten von Sanddorn als wohlschmeckendes und gesundes Lebensmittel sind vielseitig. Vor allem in der vitaminarmen und dunklen Jahreszeit ist Sanddorn die beste Vorbeugung gegen Erkältungen und „Winterdepressionen".

Besonders an den Küsten ist die Palette an leckeren Produkten groß und hat für jeden Geschmack etwas zu bieten.

Mecklenburgische Sanddornspezialitäten

Im Sanddornparadies Hiddensee wird der wilde Sanddorn von den Sammlern noch direkt am Strauch gemolken, oder die Beeren werden von den Ästen gestreift. So schnell wie möglich werden sie dann durch ein Tuch gedrückt, um ihnen den wertvollen Saft zu entlocken. Alles Handarbeit. Zu DDR-Zeiten kam der Saft meist gar nicht erst auf den Ladentisch. Er war viel zu rar und kostbar und wurde manchmal sogar als Zahlungsmittel genutzt.

Sanddorn in allen Variationen gehört hier auch heute zum täglichen Leben. Auf Rügen wurde jährlich ein „Sanddornkönig" ausgerufen, das war derjenige, der die höchste Pflückleistung erzielt hatte. In den Inselrestaurants gibt es Sanddorndessert, Sanddornsaft über Pudding, Eis mit heißem Sanddornsaft...

Beim Kuchenbacken kann Sanddornsaft statt Milch in den Teig gegeben werden, und auch Sanddorn in Sekt soll unwiderstehlich sein...

Im mecklenburgischen Handel ist eine große Vielfalt an Sanddornprodukten erhältlich. Neben Säften und Brotaufstrichen gibt es ganz besondere Spezialitäten. Sanddorn wird hier gerne mit zwei anderen sehr „typischen" Erzeugnissen der Region kombiniert: mit Äpfeln und mit Kartoffeln.

Äpfel und Sanddorn passen geschmacklich sehr gut zusammen. Hier sind viele appetitliche Kreationen entstanden: Apfel-Sanddornsaft, Sanddorn-Apfel-Konfitüre, Sanddorn-Apfel-Zimt-Aufstrich, Apfelmus mit Sanddorn, Sanddorn-Apfel-Bonbons, aber auch „Hochprozentiges": Sanddorn in Apfelbrand und ein Fruchtlikör-Ansatz mit Apfel und Sanddorn.

In Kombination mit Kartoffeln sind Kartoffelmarmelade mit Sanddorn, und sogar ein Früchtetee mit Kartoffelstückchen, Sanddornbeeren und Pfirsich-Aprikosen-Aroma erhältlich.

Mecklenburgisch-„exotisch" sind dagegen Spezialitäten wie Sanddorn-Nudeln und Sanddorn-Senf, der mit Sanddornbeeren zubereitet wird und besonders gut zu helleren Fleischsorten schmeckt.

Auch Kosmetikprodukte mit Sanddorn haben in Mecklenburg schon Tradition: Sanddorn-Cremes, Sanddornseife, Sanddornbäder und Sanddornshampoo.

Ostfriesische Spezialitäten

In Ostfriesland, insbesondere auf den Inseln Borkum, Juist, Norderney, Baltrum, Langeoog, Spiekeroog und Wangerooge, gibt es noch viele private Sanddornverarbeiter, die sich Beeren pflücken und daraus Saft gewinnen. Mit diesem Saft werden die typischen Spezialitäten wie Likör, Konfitüre und Sirup in Eigenproduktion hergestellt.

Ostfriesland ist aber auch das Land der Teetrinker, aus diesem Grund gibt es viele Tees mit Sanddorn. Die getrockneten Beeren und Blätter lassen sich sehr gut in ostfriesischem Schwarztee, Früchtetee, Rooibostee, Grün- sowie Kräutertee verwenden. Hierbei können sie mit einer Vielzahl von duftenden und aromatischen Früchten, Blüten sowie Gewürzen in unterschiedlichster Zusammenstellung gemischt werden. Besonders beliebt ist die Geschmacksrichtung Sanddorn-Sahne, weil sie einen sehr lieblichen, durch die Sahnenote abgemilderten Fruchtgeschmack bietet. Eine weitere fruchtige Spezialität ist der Wattenfrüchtetee. Seine Zutaten stammen überwiegend aus der Wattenregion: süße Apfelstücke, Hagebuttenschale, Hibiskusblüte, Sanddornbeeren, Fliederbeeren, Aroniabeeren und Moosbeeren.

Sanddorntee gibt es aber auch durchaus pur; er besteht ausschließlich aus getrockneten Sanddornbeeren. Dieser Tee hat seine ganz speziellen Liebhaber.

Zum Tee gibt es in Ostfriesland bekanntlich den echten Kluntje; aber als besondere Spezialität auch den Sanddorn-Kluntje: Kandis, mit Sanddornbeeren in Sanddornlikör eingelegt, eine köstliche Versuchung auch für Nicht-Ostfriesen...

Weitere Sanddornprodukte sind in beiden Regionen gleichermaßen bekannt und beliebt: Bei den Konfitüren und Brotaufstrichen reicht die Palette vom reinen Sanddorngelee zu fruchtigen Mischungen wie Sanddorn-Erdbeer-Konfitüre, Sanddorn-Apfel-Gelee und Sanddorn-Holunder-Gelee bis zum Sanddorn in Honig.

Süßes mit Sanddorn gibt es allen erdenklichen Formen: Fruchtschnitten aus Sanddornfruchtpulver, Sanddornmark und Sanddornsaftkonzentrat sind meistens mit Marzipan und mit Trockenfrüchten wie Datteln oder Feigen gemischt. Zum Naschen verlocken Sanddorn-Gebäck und Sanddorn-Energie-Bällchen, ebenso wie Sanddorn-Bonbons, Sanddorn-Dragees, Sanddorn-Fruchtgummi, Sanddorn-Lollistangen und Sanddorn-Zucker.

Daneben werden vitaminreiche Sanddornsäfte, Sanddorn-Nektar, Sanddorn-Sirup und süße Sanddornfrucht (Sanddornsaft mit Honig) angeboten.

Auch Alkoholisches mit Sanddorn gibt es überregional in vielen Variationen: Da locken aromatischer Sanddorn-Wein, Sanddorn-Likör und Sanddorn-Geist, während Sanddorn-Grog vor allem an kalten Tagen wärmt...

Köstlich: Sanddorn in der Küche

Es gibt eine Fülle fertiger Sanddornprodukte. Es macht viel Freude, damit zu experimentieren. Ein Basisprodukt ist der Sanddornsaft, der sich in der Küche gut weiterverarbeiten lässt. Oder man pflückt die Sanddornbeeren selbst, denn auf dem Markt werden sie nur selten angeboten.

Bei der Verarbeitung von frischen Sanddornbeeren ist Achtsamkeit geboten, daher zunächst einige wichtige Tipps:

- Die Sanddornbeeren müssen in gut ausgereiftem Zustand gesammelt und nach der Ernte entweder rasch verarbeitet oder eingefroren werden.
- Ist es nicht möglich, die Beeren sofort zu pressen, müssen sie eingefroren werden. Tiefgekühlt können sie ohne negative Geschmacksveränderungen längere Zeit bis zur Weiterverarbeitung gelagert werden.
- Da die Sanddornbeeren leicht oxidieren und dadurch ihre Farbe und ihren Geschmack verändern, dürfen sie nicht mit Metall in Berührung kommen. Für die Ernte und zur Verarbeitung dürfen also nur nichtrostende Scheren, Holzlöffel, Keramik- oder Emailtöpfe und -schüsseln verwendet werden!
- Gegen Lufteinwirkung und höhere Temperaturen ist der Sanddorn sehr empfindlich, seine Vitamine werden zerstört. Sorgfältig verarbeitet, wird Sanddornsaft oder Sanddornsirup daher in lichtechte Flaschen oder Gläser gefüllt. Gut verschließen und kühl und dunkel aufbewahren. So verlieren die Produkte auch bei längerer Lagerung ihren Vitamingehalt nicht.
- Die Gläser und Flaschen müssen luftdicht verschließbar sein. Am

besten geeignet sind feste Schraubdeckel für Gläser und Korken oder Gummikorken für Flaschen. Alle Behältnisse müssen sehr gründlich gereinigt werden, auch die Deckel und Korken. Die geschlossenen Gläser sollten etwa fünf Minuten auf den Kopf gestellt werden, damit keine Luft nachfließen kann.

Sanddorn pur - und in Kombination mit anderen Lebensmitteln

Der pure Sanddornsaft ist, ebenso wie die Beeren, nicht gerade ein Genuss, sondern fast unangenehm sauer und herb. Er wird meist unter der Beigabe von Zucker, Ahornsirup, Honig oder anderen Süßungsmitteln zu einem Extrakt eingedickt oder zu Sirup oder Gelee eingekocht. Zum Einkochen von Sanddorn können verschiedene Geliermittel verwendet werden.

Sanddornsaft ist ein reiner Sanddorn-Presssaft mit einem besonders hohen Vitamingehalt. Er kann mit Wasser verdünnt und gesüßt oder mit anderen Säften (z.B. Apfel, Karotte oder Orange) gemischt getrunken werden. Ferner gibt es **Sanddorngetränke** als Nektar (mit Wasser verdünnt) zu kaufen. Daneben gibt es noch „Fruchtsaftgetränke".

Der Trub aus dem Fruchtfleisch, der sich bei Sanddornsäften mit einer Ölschicht oben in den Flaschen absetzt, gehört zu den natürlichen Eigenschaften des Produkts. In ihm sind die wertvollen Stoffe des Sanddorns enthalten. Durch Schütteln lässt er sich problemlos verteilen.

Sanddorn-Brotaufstriche: Es gibt reine Sanddorn-Konfitüren, -Gelees und -Brotaufstriche, daneben auch entsprechende Mischungen mit anderen Früchten, z.B. mit Erdbeeren, Äpfeln, Aprikosen, Holunder u.a.

Sanddorn zum Frühstück

Sanddorn ist ideal zum Frühstück, um den Morgen mit einer kräftigen Vitamingabe zu beginnen. Er passt hervorragend zu Joghurt und Quark, zu Frisch- oder Trockenobst, zum Müsli und zu Haferbrei.
Sanddorn-Fruchtsoßen können mit Joghurt oder Quark verrührt werden. Auch Sanddornkonfitüre lässt sich gut mit Quark mischen oder als Brotaufstrich verwenden. Quark und Joghurt mit Sanddorn schmecken besonders gut in Ergänzung mit Hasel- oder Walnüssen, Sonnenblumenkernen, Mandeln und Kokosraspeln.

Sanddorn und Süßspeisen

Zur Füllung von Pfannkuchen, Omeletts und Crêpes wird am besten Sanddornkonfitüre verwendet, da sie nicht so flüssig ist. Sie kann zu diesem Zweck mit Créme fraîche oder Schmand vermischt werden.
Kuchen und Süßspeisen erhalten durch Sanddorn einen fruchtig-säuerlichen Geschmack. Füllungen für Biskuitrollen mit Sanddorn sind einfach herzustellen. Hierzu wird Sanddornsirup in eine Masse aus Quark und steif geschlagener Sahne gerührt.
Sanddorndesserts schmecken besonders gut in Verbindung mit zarten und fein-aromatischen Gewürzen wie Vanille, Zimt und Nelke, aber auch kombiniert mit Nüssen und verschiedenen Früchten.

Sanddorn in herzhaften Gerichten

- Mit Sanddorn lassen sich Suppen, Soßen und Chutneys verfeinern. Besonders gut passt das Aroma auch zu Hauptgerichten mit Wirsing, Rosenkohl, Möhren, Linsen, Steckrüben, Süßkartoffeln und Kürbis. In Skandinavien ist Sanddorn als wertvolle Vitamin-C-Quelle sowie als pikante Abwechslung in der Küche, z.B. als Zugabe zu Fisch- und Wildgerichten, traditionell bekannt und beliebt.
- Exotische oder asiatische Gerichte mit Sanddorn können in einer Kombination mit Ingwer, Sternanis, Kreuzkümmel und Koriander gewürzt werden.
- Für herbstliche und winterliche Rezepte wie Kohl- oder Wildgerichte mit Sanddornzutaten würzt man am besten in einer Kombination mit Wacholder, Zimt oder Lorbeer.
- Pikante Sanddornsoßen können mit aromatischem Balsamico-Essig oder einem Schuss Wein abgeschmeckt werden, um die Säure zu unterstreichen. Als pikantes Gegengewicht zum Fruchtaroma gibt man Chilischoten oder frisch gemahlenen Pfeffer dazu.

Sanddorn in Kombination mit Essig und Öl

Sanddornöl lässt sich gut in der Küche einsetzen. Es sollte allerdings sparsam verwendet werden.

Einige Tropfen Sanddornöl können einem neutralen Speiseöl zugefügt werden, z.B. Sonnenblumen- oder Distelöl. Salate und Rohkost erhalten dadurch einen fruchtig-nussigen Geschmack, und auch der Vitamin- und Nährstoffgehalt erhöht sich.

Sanddornöl eignet sich auch als gehaltvolle Aufwertung von kalten Speisen, z.B. als Zusatz von Marinaden und Majonäsen.

<u>Wichtig:</u> Beide Öle niemals mitkochen oder erhitzen, sondern gebratene Speisen nur nachträglich damit abschmecken oder beträufeln. Auch Sanddornbeeren sollten den fertigen Speisen beigefügt, aber nicht mitgekocht werden, denn Kochen reduziert den Gehalt an Vitaminen und Spurenelementen.

Ein Essig-und-Öl-Dressing mit Sanddorn passt sehr gut zu Endiviensalat, zu Feldsalat, Chicoree und Rucola. Dazu werden 4 EL Sanddorn-Soße mit 2 EL Balsamico-Essig und 4 EL Olivenöl verrührt. Dann mit Salz oder Sojasoße und weiteren Gewürzen abschmecken.

Es ist auch möglich, mit Sanddorn einen Wildbeeren-Essig selbst herzustellen, ähnlich wie mit den Früchten der Eberesche oder mit Schlehen. Dafür werden Sanddornbeeren zerquetscht und mit 1 Liter Obstessig aufgekocht. Einen Tag zugedeckt ziehen lassen, dann den Essig durch ein feines Sieb abseihen und in Flaschen füllen. Er verträgt sich sehr gut mit etwas bitteren, rustikalen Salaten.

Rezepte

Kaltgepresstes Sanddornmark

Die Herstellung von Sanddornmark ist denkbar einfach und bildet eine gute Möglichkeit, den empfindlichen Sanddorn zu konservieren. Eingefroren ist es über längere Zeit haltbar. Auch als Basis zur Weiterverarbeitung in vielen Gerichten ist Sanddornmark geeignet.

1. Rohe Sanddorn-Beeren durch ein Sieb streichen oder durch ein Tuch pressen
2. Mit Honig oder Zucker nach Belieben süßen
3. In Portionen einfrieren

Am besten immer nur kleine Portionen auftauen, die in absehbarer Zeit verbraucht werden. Zwei bis drei Teelöffel Sanddornmark pro Tag machen munter und stärken die Abwehrkräfte. Die Zubereitungsmethoden sind dabei vielfältig: Zum Trinken kann man das Mark in Wasser, Milch oder Tee einrühren. Mit Joghurt, Quark oder Müsli gemischt ist es ein Energiespender zum Frühstück.

Das Mark kann natürlich auch ungesüßt eingefroren werden, und man süßt es später, je nach Bedarf und Verwendung. Dann eignet es sich auch als Beigabe zu herzhaften Gerichten.

Sanddornsaft

Sanddornbeeren in gewünschter Menge

Zubereitung:
1. Früchte sauber verlesen und waschen
2. Knapp mit Wasser bedecken und für einige Minuten bei mäßiger Hitze köcheln lassen
3. Danach pürieren und die Masse durch ein Sieb geben, um die Kerne und Schalenreste zu entfernen
4. Heiß in dunkle Flaschen füllen und diese sofort verschließen.

Sanddornsirup

1 kg frisch gepflückte Sanddornbeeren
500 g Honig (oder Zucker)

Zubereitung:
1. Beeren vorsichtig in kaltem Wasser waschen, abtropfen lassen
2. In einem säurefesten Topf sehr langsam mit einem Esslöffel Wasser erhitzen
3. Topf immer wieder schütteln, damit alle Beeren gleichmäßig heiß werden. Sie dürfen nicht kräftig kochen, um ihre Vitamine nicht zu verlieren
4. Wenn die Beeren blass werden und ihre runde Form verlieren, durch ein feines Sieb in eine Rührschüssel streichen

5. Unter kräftigem Rühren (per Hand oder mit dem Küchenmixer auf kleiner Stufe) löffelweise den Honig (oder Zucker) zugeben, bis alles
dickflüssig ist
6. Den Sirup in heiß ausgespülte Flaschen füllen und diese luftdicht
verschließen. Gekühlt aufbewahren.

Im Kühlschrank ist der Sirup fünf bis sechs Monate lagerfähig. Ebenso
wie das Sanddornmark, passt er zu Joghurt, Müsli, Süßspeisen und
Milchmixgetränken.

Geleezubereitung

1,2 kg Sanddornbeeren
(wenn keine Sanddornbeeren zur Verfügung stehen, stattdessen 1 Liter
Sanddornsaft)
1 kg Gelierzucker
1 TL Vanille

Zubereitung:
1. Beeren durch ein feines Sieb oder ein grobes Leintuch pressen
2. Den Saft mit der gleichen Menge Gelierzucker mischen
3. Aufkochen und 10 bis 15 Minuten köcheln lassen, bis die Masse zu
gelieren beginnt
4. Mit Vanille verfeinern und sofort in heiß ausgespülte Gläser füllen
5. Fest verschließen und langsam abkühlen lassen.

Sanddorn-Holunder-Gelee

Saft von 1 kg Sanddornbeeren
Saft von 1 kg Holunderbeeren
Saft einer Zitrone
Gelierzucker (gleiche Gewichtsmenge wie die Säfte zusammen)

Zubereitung:
1. Die Säfte zusammengeben
2. Gelierzucker hinzugeben, aufkochen und etwa 15 Minuten kochen lassen, bis der Saft geliert
3. Gelee heiß in saubere Gläser füllen, sofort verschließen und langsam abkühlen lassen

Nach dem gleichen Grundrezept lässt sich auch ein Sanddorn-Apfelgelee zubereiten, bei dem statt des Holunders die gleiche Menge frischgepresster Apfelsaft mit dem Sanddornsaft verwendet wird.

Sanddorn-Frucht-Aufstrich

1 Liter Sanddornsaft
1.000 g Früchte
1.500 g Gelierzucker

Zubereitung:
1. Früchte waschen, schälen, klein schneiden

2. Den Sanddornsaft mit den klein geschnittenen Früchten vermischen
3. Mit dem Gelierzucker mischen
4. Alles unter ständigem Rühren 15 bis 20 Minuten weich kochen, bis die Früchte ganz zerfallen und die Masse zu gelieren beginnt
5. In saubere Gläser füllen, sofort verschließen, langsam abkühlen lassen.

Energiemüsli mit Sanddorn

150 g Joghurt
1 EL Sanddorn im Honig
2 EL geschroteter Hafer
1 EL geschrotete Hirse
1 geriebener Apfel
1 EL Rosinen
1 EL Sauerrahm oder Schmand
1 EL gehackte Haselnüsse

Zubereitung:
1. Joghurt und Sanddorn im Honig verrühren
2. Hafer und Hirse hinzugeben
3. 10 Minuten quellen lassen
4. Mit dem geriebenen Apfel und den Rosinen mischen
5. Sauerrahm oder Schmand darauf geben, mit gehackten Haselnüssen bestreuen.

Pfannkuchen mit Sesam und Sanddornkonfitüre (für 4 Portionen)

3 Eier
50 g Sesam
80 g Mehl
1 TL Zimt
Vanillezucker
Pflanzenfett zum Braten
4 EL Sanddornkonfitüre

Zubereitung:

1. Die Eier trennen
2. Sesam in einer Pfanne ohne Fett leicht anrösten
3. Aus dem Mehl, den Eigelben, der Hälfte des Sesams, Milch, Zimt und
   Vanillezucker einen Pfannkuchenteig herstellen
4. Steif geschlagenes Eiweiß unterheben
5. Fett erhitzen und vier Pfannkuchen ausbraten
6. Mit Sanddornkonfitüre bestreichen und mit Sesam bestreuen.

Vorspeise Möhren mit Sanddorndressing (für 2 Portionen)

300 g Möhren
2 TL süßer Senf
1 EL Weißweinessig
2 EL Sanddornsaft
1 EL Honig

frisch gemahlener weißer Pfeffer

etwas Dill oder frischer Koriander

Zubereitung:

1. Möhren waschen, mit dem Sparschäler längs in dünne Scheiben schneiden
2. Für die Marinade Senf, Essig, Sanddornsaft, Honig und Pfeffer miteinander verrühren
3. Möhrenscheiben auf zwei flachen Tellern anrichten. Mit der Marinade beträufeln. Mit Dill oder Koriander garnieren.

Heilbutt / Kabeljau in scharfer Sanddornsoße (für 4 Portionen)

600 g Heilbutt oder Kabeljau

Salz und weißer Pfeffer

Zitronensaft

Ingwerwurzel

2 TL Mehl

1 Zwiebel

4 EL Pflanzenöl

Für die Soße:

2 Schalotten

1 Knoblauchzehe

1 rote Paprika

2 Chilischoten

2 EL Butter

6 EL Sanddornsaft

2 EL Sojasoße

3 EL Sherry

100 ml Gemüsebrühe

Zubereitung:

1. Den Fisch mit Salz und weißem Pfeffer würzen, mit Zitronensaft beträufeln
2. Ein kleines Stück fein geschnittene Ingwerwurzel dazugeben
3. Mit etwas Mehl bestäuben
4. Im Kühlschrank 20 Minuten ziehen lassen

Währenddessen die Soße zubereiten:

5. Schalotten, Knoblauch, die Paprika und die Chilischoten klein schneiden
6. In zwei Esslöffeln Butter anbraten
7. 6 EL Sanddornsirup, 2 EL Sojasoße, 3 EL Sherry dazugeben
8. Mit 100 ml Gemüsebrühe ablöschen
9. Dann eine Zwiebel mit 4 EL Pflanzenöl andünsten
10. Den Fisch dazugeben und schön goldgelb braten
11. Dann die Gemüsesoße dazugeben und alles 15 Minuten lang dünsten
12. Mit Reis servieren.

Kürbis-Suppe mit Sanddorn (für 4 Portionen)

600 g Kürbis
1 Zwiebel
2 EL Pflanzenöl
1 Prise Salz
1 Liter Gemüsebrühe
2 EL Mehl
2 EL flüssiger Honig
150 ml Schlagsahne
4 EL Sanddornsaft
1 Bund Schnittlauch

Zubereitung:
1. Kürbis schälen, Zwiebel abziehen und beides würfeln
2. In heißem Öl andünsten, mit Salz abschmecken
3. Mit Gemüsebrühe aufgießen und ca. 15 Minuten gar kochen. Dann pürieren
4. Mehl mit etwas Wasser anrühren, zu dem Kürbispüree geben und einmal aufkochen
5. Honig zugeben
6. Schlagsahne steif schlagen und vorsichtig unter die Suppe ziehen
7. In 4 Teller füllen, mit je 1 Esslöffel Sanddornsaft und klein geschnittenem Schnittlauch garnieren. Rasch servieren.

Scharfer Wirsingtopf mit Sanddorn (für 4 Portionen)

300 g Kartoffeln
400 g Zwiebeln
4 Knoblauchzehen
2 Chilischoten
4 EL Sonnenblumenöl
1 Prise Cayennepfeffer
Salz
1 Liter Gemüsebrühe
150 g Aprikosen
500 g Wirsingblätter
1 Möhre
150 g Weizengrieß
Fondor oder Hefewürze
2 EL Sanddornkonfitüre
100 g Schafskäse

<u>Zubereitung:</u>
1. Kartoffeln schälen, Zwiebeln und Knoblauch abziehen und alles würfeln
2. Die Chilischoten waschen, putzen, klein schneiden
3. Alles in heißem Pflanzenöl anbraten
4. Mit Cayennepfeffer und Salz würzen, mit Gemüsebrühe aufgießen
5. Aprikosen waschen, entsteinen und in kleine Stücke schneiden, mit in die Gemüsebrühe geben
6. Wirsingblätter von den Mittelrippen befreien und in Streifen schnei-

den, mit in die Gemüsebrühe geben

7. Möhre schälen und grob raspeln, mit in die Gemüsebrühe geben
8. Weizengrieß in die Gemüsebrühe geben, aufkochen und 20 Minuten lang garen
9. Mit Hefewürze und Sanddornkonfitüre abschmecken
10. In eine feuerfeste Form geben, mit Schafskäsewürfeln bestreuen und ca. 15 Minuten im vorgeheizten Ofen bei 225 Grad überbacken.

Entenbrust auf Sanddorn-Honigsoße (für 4 Personen)

600 g Entenbrust
1 kleine Zwiebel
1 kleine Möhre
$^1/_2$ kleine Lauchstange
1 EL Honig
1 EL Sanddornsaft
Geflügelfond
etwas Mondamin

Zubereitung:

1. Die Entenbrust anbraten und auf der Hautseite im Ofen (18 bis 20 Minuten bei 180 Grad) braten
2. Anschließend noch 10 Minuten ruhen lassen
3. Den Bratensaft mit 1 EL Honig, Zwiebel, Möhre und Lauch leicht karamellisieren lassen
4. 1 EL Sanddornsaft zufügen

5. Mit etwas Wasser und Geflügelfond auffüllen, 5 Minuten kochen lassen, passieren und mit etwas Mondamin binden.

Beilagen nach Belieben

Grüne Pfeffersoße mit Sanddorn, für Wildgerichte

Wildknochen
1 kleine Zwiebel
1 EL Sanddornsaft
etwas Weinbrand
1 EL Schlagsahne

Zubereitung (für 4 Personen):
1. Aus den Wildknochen wird eine Grundsoße hergestellt
2. Eine kleine Zwiebel in Würfel schneiden, in Butter glasig anbraten
3. 1 EL Sanddornsaft, etwas Weinbrand und 0,25 Liter der Grundsoße dazugeben
4. 1 Minute leicht köcheln lassen und mit 1 EL Schlagsahne vollenden.

Sanddorn-Estragonsoße zu Fisch

300 ml Fischfond (Sud)
100 ml Weißwein
$1/2$ kleine Zwiebel
1 $1/2$ bis 2 EL Sanddornsaft
30 g kalte Butterflocken
Prise Zucker
1 TL geschnittene Estragonblätter
2 EL Schlagsahne

Zubereitung:
1. Die halbe Zwiebel in feine Würfel schneiden, in den Fond und den Weißwein geben
2. Fischfond, Wein und Zwiebel zum Kochen bringen und auf die Hälfte einkochen lassen
3. Alle weiteren Zutaten dazugeben, einmal kurz aufkochen lassen und sofort vom Herd nehmen (darf nicht weiterkochen!)

Sanddorntorte

3 Eier
175 g Zucker
1 Messerspitze Zimt
100 g Mehl
50 g Speisestärke

2 gestrichene TL Backpulver

125 g Sanddornkonfitüre

150 ml Sanddornsaft

1 Messerspitze Zimt

8 Blatt weiße Gelatine

300 g Naturjoghurt

800 ml Sahne

2 TL Sahnesteif

50 g Krokant

10 g Kakaopulver zum Bestäuben

<u>Zubereitung:</u>

1. Backofen auf 180 Grad vorheizen
2. Die Eier mit 125 g Zucker und dem Zimt schaumig schlagen
3. Das Mehl mit der Speisestärke und dem Backpulver vermischen, auf den Eischaum sieben und unterheben
4. Den Teig in eine mit Backpapier ausgelegte Springform (28 cm Durchmesser) füllen, glatt streichen
5. Im Backofen 25 Minuten backen, herausnehmen, das Backpapier mit kaltem Wasser bestreichen, vorsichtig abziehen und den Biskuit auf einem Kuchengitter erkalten lassen
6. Den Biskuit oben gerade schneiden, einmal durchschneiden, den unteren Boden mit 75 g Sanddornkonfitüre bestreichen, auf eine Tortenplatte legen und mit einem Tortenring umschließen
7. Für die Creme den Sanddornsaft mit dem Zimt und 50 g Zucker erhitzen. Die gewässerte, ausgedrückte Gelatine darin auflösen
8. Den Naturjoghurt in den noch warmen Saft rühren, 600 ml Sahne steif

schlagen und unterheben

9. Die Creme auf dem Biskuitboden glatt streichen, den zweiten Boden darauf legen und im Kühlschrank fest werden lassen. Anschließend den Tortenring entfernen

10. 200 ml Sahne mit dem Sahnesteif schlagen, die Torte rundherum damit bestreichen und mit Krokant bestreuen. Die restliche Sahne in einen Spritzbeutel füllen und die Torte damit dekorieren

11. 50 g Sanddornkonfitüre als Dekoration auf der Torte verteilen, die Torte leicht mit Kakaopulver bestäuben und bis zum Verzehr kühl aufbewahren.

Himbeer-Sanddorn-Torte

1 Mürbeboden
2 dünne Wiener Böden
500 g Himbeeren (frisch oder tiefgefroren)
Himbeerkonfitüre
300 g Zucker
200 g Sanddornkonfitüre
4 Blatt Gelatine
100 g Eiweiß
100 g Sanddornhonig
200 g Sahne

Zubereitung:

1. Himbeeren durch ein Sieb passieren, um die Kerne zu entfernen

2. Mit 200 g Zucker verrühren, bis der Zucker sich auflöst
3. Eiweiß und Honig mit dem Mixer zu festem Schnee schlagen
4. Gelatine einweichen und lauwarm auflösen und mit der Sanddorn-konfitüre und 50 g Zucker mischen
5. Sahne mit 50 g Zucker schlagen
6. Dann den Eischnee und die geschlagene Sahne unter das Sanddorn-Gelatine-Gemisch unterheben
7. Mürbeteigboden mit Himbeerkonfitüre bestreichen, dann einen Wiener Boden auflegen. Mit einem Backform-Ring umschließen
8. Dann den Wiener Boden mit dem Himbeermark tränken
9. Die Hälfte der Sanddorncreme einfüllen und glatt streichen
10. Den zweiten Wiener Boden auflegen, ebenfalls mit Himbeermark tränken
11. Dann die restliche Sanddorncreme ringhoch einfüllen und glatt streichen
12. Kühl stellen. Mit Himbeeren und Kiwischeiben garnieren.

Sanddorn-Buttercreme

250 ml Sanddornsaft
150 ml Wasser
125 g Zucker
ein Päckchen Vanille-Puddingpulver
125 g Butter

Zubereitung:

1. Puddingpulver mit Sanddornsaft, Wasser und Zucker anrühren
2. Pudding kochen, dann erkalten lassen
3. Butter schaumig rühren
4. Den Pudding dazugeben und einrühren

Eignet sich gut als Füllung für eine Biskuittorte. Darüber werden geschlagene Sahne und geröstete Mandeln gegeben. Eine Delikatesse!

Schnelle Ludwigsluster Sanddorntorte

1 flacher Tortenboden (z.B. Wiener Boden)
2 Becher Schlagsahne
2 Päckchen Sahnesteif
2 Päckchen Paradiescreme Vanille (Dr. Oetker)
100 ml Sanddornsaft
100 ml Sanddorn-Soße

Zubereitung:

Diese Torte wird nicht gebacken und ist in wenigen Minuten zubereitet: Alle Zutaten in einem geeigneten Gefäß verrühren (bzw. nur schütteln) und auf den Boden streichen. Nach Bedarf oder Geschmack garnieren (z.B. mit Sanddornzucker).

Kürbis-Sanddorn-Dessert mit Kokos (für 6 Personen)

50 g Rosinen
300 ml Multivitaminsaft
700 g Kürbis
4 EL Sanddornsaft
1 Prise gemahlener Ingwer
1 Prise gemahlener Zimt
4 EL Akazienhonig
200 g süße Sahne
2 EL Kokosflocken

Zubereitung:
1. Multivitaminsaft in einem Topf erwärmen
2. Die Rosinen waschen und in dem Saft ca. 5 Minuten köcheln lassen
3. Kürbis schälen, entkernen, Fruchtfleisch würfeln
4. Zu den Rosinen geben, etwa 10 Minuten bei mittlerer Hitze garen
5. Dann alles pürieren
6. Sanddornsaft unterrühren
7. Mit Ingwer, Zimt und Honig abschmecken
8. Das Püree vollständig abkühlen lassen, am besten im Kühlschrank
9. Sahne steif schlagen und unter das Püree ziehen
10. In Portionsschalen füllen
11. Kokosflocken in der Pfanne ohne Fett rösten und über das Dessert streuen.

Sanddorn-Honigquarkcreme (für 4 Personen)

450 g Rahmquark
4 EL Haselnüsse, grob gehackt
200 g Sauerrahm
1/2 Zitrone, Saft und abgeriebene Schale
2 EL Sanddornkonfitüre
2 EL Honig
etwas Zimtpulver

Zubereitung:
1. Haselnüsse ohne Fett rösten
2. Rahmquark, Sauerrahm, Zitronensaft und etwas Zitronenschale vermischen
3. Nüsse und den Honig beigeben und mit Zimt würzen
4. Mit der Sanddornkonfitüre und grob gehackten Haselnüssen garnieren.

Himmlische Sanddorn-Creme

4 Eigelb
4 Eiweiß
100 g Zucker
150 g saure Sahne
1/4 Liter ungesüßter Sanddornsaft
125 ml Aprikosensaft
6 Blatt weiße Gelatine
125 g süße Sahne

Zubereitung:

1. Gelatine im Wasserbad auflösen
2. Eigelb mit dem Zucker schaumig schlagen
3. Saure Sahne, Sanddornsaft und Aprikosensaft zufügen
4. Alles mit der aufgelösten Gelatine verrühren
5. Kühl stellen, bis die Masse fest geworden ist
6. Eiweiß und Sahne getrennt schlagen und unter die Crememasse ziehen.

Sanddorn-Eierlikör-Mousse mit Orangensoße (für 6 Personen)

500 g Quarkcreme
180 g Eierlikör
8 EL Sanddornsirup
1 Zitrone
8 Blatt weiße Gelatine
3 Eiweiß
3 EL Zucker
100 ml frisch gepresster Orangensaft
2-3 EL Orangenmarmelade
frische Früchte (z.B. Kiwis)

Zubereitung:

1. Eiweiß steif schlagen, dabei den Zucker einrieseln lassen. Kühl stellen
2. Quarkcreme, Eierlikör, Sanddornsirup und Zitronensaft zusammen schaumig rühren

3. Gelatine nach Packungsanweisung im Wasserbad auflösen
4. Mit der Quarkcreme verrühren
5. Wenn die Creme zu gelieren beginnt, den Eischnee unterheben
6. Creme mindestens zwei Stunden kalt stellen
7. Orangensaft und Orangenmarmelade gut verrühren
8. Die Creme portionsweise mit der Orangensoße anrichten
9. Mit Kiwischeiben dekorieren.

Sanddorn-Sahnecreme

150 ml Vollmilchjoghurt
150 ml Sahne
100 ml Sanddornsaft
40 ml Sanddornsirup
20 ml Sanddorn-Likör
80 g Zucker
10 Blatt Gelatine

<u>Zubereitung:</u>
1. Gelatine in 60 ml Wasser einweichen
2. Joghurt glattrühren
3. Sahne mit der Hälfte des Zuckers aufschlagen
4. Den Rest Zucker mit dem Sanddornsaft auflösen und mit dem Sanddornsirup mischen
5. Dann alle Zutaten zusammenrühren

6. Sanddornlikör unterziehen

7. 2 bis 3 Esslöffel der Masse in die erhitzte Gelatine geben

8. Nun die Gelatine mit der gesamten Masse glattrühren

9. In eine Form geben und 3 bis 4 Stunden kaltstellen.

Bananenquark mit Sanddorn und Honig

2 Bananen

2 EL Sanddornhonig

100 ml Sanddornsaft

150 g Quark

1 Orange

<u>Zubereitung:</u>

1. Bananen schälen und klein schneiden

2. Mit dem Honig und dem Sanddornsaft mixen

3. Dann mit dem Quark verquirlen und mit Orangenscheiben garnieren.

Sanddorn-Götterspeise

300 ml Sanddornsaft

100 ml Wasser

150 g Zucker

1 Päckchen Gelatine

Zubereitung:

Für die Götterspeise wird der Sanddornsaft mit 100 ml Wasser und 150 g Zucker aufgelöst, erhitzt (nicht kochen) und wie üblich mit einem Päckchen Gelatine verarbeitet. Dazu Vanillesoße reichen.

Vanillepudding mit Sanddornsoße

Das vorige Rezept lässt sich auch umkehren: Ein Vanillepudding wird gekocht. Dazu gibt es eine Soße aus 200 ml Sanddornsaft, 50 ml Wasser plus 100 g Zucker, die mit etwas Puddingpulver gebunden wird (Menge muss man erproben!).

Obstsalat mit Sanddorn-Kefir

200 g Äpfel
200 g Orangen
200 g Ananas
3 Kiwi
3 EL Sanddornsaft mit Honig
250 g Kefir

Zubereitung:
1. Das Obst schälen, zerkleinern und mischen
2. Den Sanddornsaft mit dem Kefir verrühren und über die Früchte gießen.

Sanddorneis

150 g Sanddornsaft
100 g Zucker
150 g Milch
200 g Sahne
1 Eiweiß

Zubereitung:
Das Eiweiß zuerst leicht anschlagen. Dann alle Zutaten vermischen und in eine Eismaschine geben.

Wenn keine Eismaschine zur Verfügung steht, kann das Eis auch im Gefrierfach zubereitet werden. Dann muss es aber zwischendurch (etwa alle 10 Minuten) immer wieder durchgerührt werden, bis das Eis fest ist.

Power-Shake

3 EL Sanddornsaft
1 Glas Milch
3 EL Zitronensaft
1 Banane
1 Eigelb

Zubereitung:
Alle Zutaten in einem Rührgerät oder mit dem Mixer kräftig verquirlen.

Mango-Orangen-Sanddorn-Drink (für 4 Personen)

1 reife Mango
300 ml Buttermilch
200 ml Orangensaft, am besten frisch gepresst
100 ml Sanddorn-Saft
Honig nach Geschmack

Zubereitung:
1. Mango schälen, bis zum Stein einschneiden, Fruchtfleisch lösen
2. Mangostücke klein schneiden und mit der Buttermilch, dem Orangensaft, dem Sanddornsaft und Honig im Mixer mixen
3. Kühl servieren.

Süßer Traum mit Sanddorn und Kiwi

1 Kiwi
150 g Dickmilch
50 g Schlagsahne
2 EL Milch
2 EL Sanddornkonfitüre

Zubereitung:
1. Kiwi schälen und das Fruchtfleisch in Stücke schneiden
2. Mit Dickmilch, Sahne und Milch pürieren
3. Mit Sanddornkonfitüre abschmecken.

Conny´s Sanddorn-Bowle

1 Liter Tee Rooibos Sanddorn-Sahne
(oder etwas ähnliches)
40 ml Sanddornsaft
30 g Sanddornzucker
1 kl. Dose Mandarinen
Eiswürfel aus 100-prozentigem Orangensaft

Zubereitung:
Tee zubereiten, kalt werden lassen. Dann die restlichen Zutaten dazugeben.

Ostfriesischer Eiergrog mit Sanddorn

750 ml warmer schwarzer Ostfriesentee
6 Eigelb
4 EL Sanddornhonig
8 EL Sanddornsaft
6 EL Wasser

Zubereitung:
1. Eigelb mit dem Sanddornhonig und dem Wasser kräftig verrühren
2. Schwarzen Tee und Sanddornsaft zugeben und alles im Wasserbad mit dem Schneebesen kräftig schlagen
3. Zum Verfeinern etwas Vanillezucker unterrühren und in Gläser füllen.

Sanddornteebowle

100 g Sanddorn-Früchtetee
400 g getrocknete Aprikosen
1 Glas (250 g) Sanddorn-Kluntjes
(Kandiszucker, in Sanddornlikör eingelegt)
4 cl Sanddornlikör
0,75 Liter weißer Traubensaft ohne Alkohol
700 ml Mineralwasser
³/₄ Liter Wasser

Zubereitung:
1. Den Sanddorn-Früchtetee in einem Teenetz in eine Glaskanne hängen, mit dem gekochten Wasser übergießen und ca. 30 Minuten ziehen lassen
2. Teenetz herausnehmen, dann den Tee erkalten lassen und mindestens 3 Stunden in den Kühlschrank stellen
3. Die Aprikosen in kleine Stücke schneiden und mit den eingelegten Sanddorn-Kluntjes in eine Bowleschale geben
4. Den Sanddornlikör zufügen, luftdicht verschließen und ebenfalls 3 Stunden ziehen lassen
5. Den kalten Tee über die Aprikosen in den Bowletopf geben.
6. Zum Schluss Traubensaft hinzugeben und mit Mineralwasser auffüllen.

Sanddornschnaps

250 g feiner weißer Kandis
200 g Sanddornbeeren
1 Flasche guter Korn (38-40 Vol.-%)

<u>Zubereitung:</u>
1. Eine gut gereinigte Flasche zu 1/3 mit Kandis füllen, den Rest mit gut gewaschenen Sanddornbeeren auffüllen
2. Schnaps hinzufügen, bis die Flasche randvoll ist. Gut verschließen
3. Mindestens 8, besser aber 12 Wochen an einem dunklen, trockenen Ort stehen lassen, bis der Kandis geschmolzen ist
4. Nun den Schnaps durch ein Sieb passieren und zurück in die Flasche geben
5. Vor dem Genuss stets gut schütteln.

Mit braunem Kandis bekommt der Schnaps eine dunklere Farbe und einen etwas malzigeren Geschmack.

Für alle diejenigen, die in das Thema Sanddorn noch tiefer einsteigen möchten, sei auf das schöne und sehr informative Buch Sanddorn - Starke Frucht und heilsames Öl von Frau Sylvia Luetjohann hingewiesen.

Literatur

Arnsberg, Hans von: Sanddorn-Fruchtfleisch-Öl. Oleum Heilsam Verlag - Edition Hans Wagner, Altomünster, 2000.

Friedrich / Schuricht: Seltenes Kern-, Stein- und Beerenobst. Neumann Verlag, Radebeul, 1985.

Herud, Axel und Wegert, Fred: Mecklenburger Spezialitäten. Selbstverlag, Ludwigslust, 2004.

Luetjohann, Sylvia: Sanddorn - Starke Frucht und heilsames Öl. Windpferd Verlagsgesellschaft mbH., Aitrang, 1999.

Krämer, Klaus: Sanddorn. Gesund und schön mit der traditionellen Heilpflanze. Wilhelm Heyne Verlag, München, 2001.

Ritter, Lothar: Begegnungen in heimatlicher Natur. VEB Deutscher Landwirtschaftsverlag, Berlin, 1973.

Weber, Marlis und Küllenberg, Bernd: Natürlich gesund mit Sanddorn. Ludwig Verlag, München, 1999.